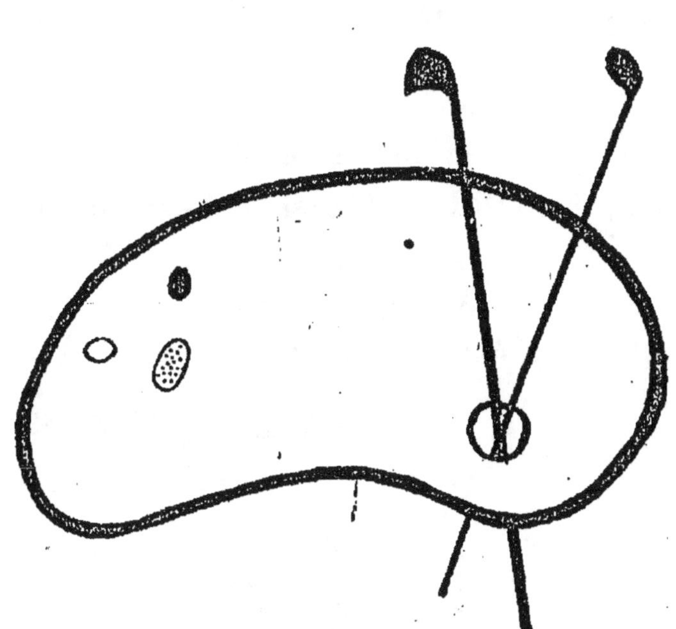

DEBUT D'UNE SERIE DE DOCUMENTS
EN COULEUR

Juifs avant le Messie

III

DÉVELOPPEMENT

moral et social de Moïse à Jésus-Christ

PAR

A. PAULUS

Agrégé de l'Université

(Moyses) plantavit, (Esdras) rigavit
sed Deus incrementum dedit.

I *Cor.*, III, 6.

PARIS

LIBRAIRIE BLOUD & Cie

4, RUE MADAME ET RUE DE RENNES, 59

1905

SCIENCE ET RELIGION

Études pour le temps présent. — Prix 0 fr. 60 le vol.

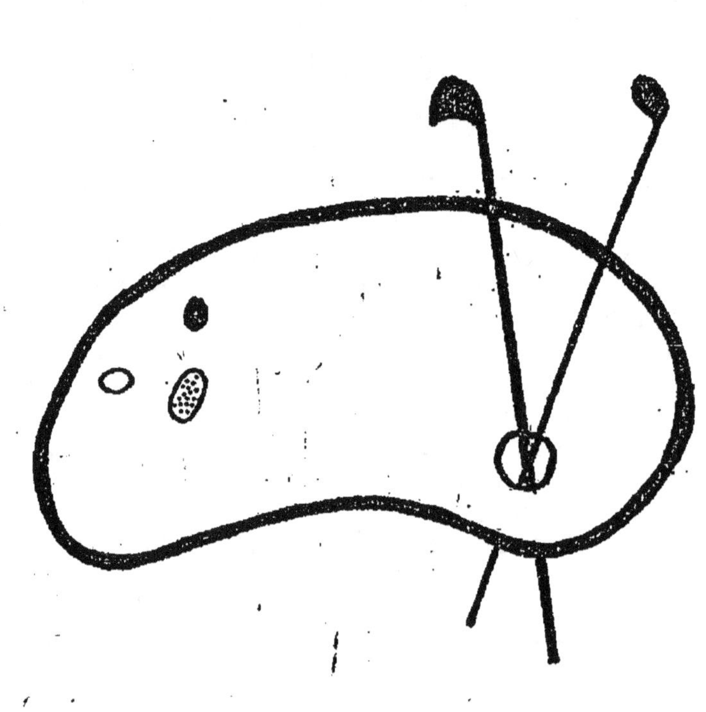

LES JUIFS AVANT LE MESSIE

Université Catholique
DE L'OUEST
—

Faculté de Théologie

Angers, le 25 mai 1904

Je vous renvoie votre manuscrit que j'ai lu avec attention et vous donne bien volontiers le *nihil obstat* que vous demandez. Votre travail est une excellente esquisse de l'histoire des Hébreux, facile à lire et n'offre aucune difficulté au point de vue doctrinal.

A. LEGENDRE

ÉVÊCHÉ
DE
VANNES

Vannes, le 9 juin, 1904

Vu le rapport général qui a été fait par M. le Vicaire général Kerdaffrec, curé-archiprêtre de Pontivy sur un ouvrage intitulé « Les Juifs et le Messie » ;

Vu le « Nihil obstat » donné aux trois volumes à part sous le titre « Les Juifs avant le Messie, », par Mgr Legendre, doyen de la faculté de théologie d'Angers, nous accordons bien volontiers la permission d'imprimer.

E. DIEULANGARD
vic. cap.

SCIENCE ET RELIGION
Etudes pour le temps présent

Les Juifs avant le Messie

III

DÉVELOPPEMENT

moral et social de Moïse à Jésus-Christ

PAR

A. PAULUS

Agrégé de l'Université

(Moyses) plantavit, (Esdras) rigavit ;
sed Deus incrementum dedit.

I *Cor.*, III, 6.

PARIS

LIBRAIRIE BLOUD & Cie

4, RUE MADAME ET RUE DE RENNES, 59

1905

PRÉFACE

—

Saint Paul, rappelant aux Corinthiens les origines
de leur Eglise, disait : « J'ai planté, Apollos a arrosé,
mais c'est Dieu qui a donné l'accroissement ». Avec
un simple changement dans les noms, cette parole
peut s'appliquer à l'histoire du peuple messianique.
Moïse a réuni les tribus en corps de nation, il a déve-
loppé la législation traditionnelle, il a tracé les premières lignes de la révélation écrite, et son œuvre a
eu une telle puissance qu'elle a triomphé des
atteintes du temps et des résistances d'une société au
cœur incirconcis.

Plus tard, Esdras a préparé pour des conditions
d'existence nouvelles le « Petit reste d'Israël »,
échappé à l'épée des princes de l'Orient. Il a donné
une seconde vie aux institutions mosaïques, tant
dans la métropole qu'à l'étranger ; tout en fortifiant
leur caractère d'exclusivisme, il les a rendues capables de produire à travers le monde une œuvre de
prosélytisme.

Moïse a planté, Esdras a arrosé, mais Dieu a tout

conduit en vue de l'avènement de son Fils et de la
prédication de l'Evangile.

Cette conclusion ressortira avec évidence, nous
l'espérons, du présent volume comme de l'ensemble
de nos études sur le peuple juif, dans ses rapports
avec le Messie.

LES JUIFS AVANT LE MESSIE

Développement moral et social de Moïse à Jésus-Christ

CHAPITRE PREMIER

LE DROIT MOSAÏQUE

« Je suis le Dieu de ton père, le Dieu d'Abraham, le Dieu d'Isaac et le Dieu de Jacob, j'ai vu l'affliction de mon peuple qui est en Egypte, je suis descendu pour le délivrer des mains des Egyptiens et pour le conduire de cette terre dans une terre fertile et spacieuse, dans une terre où coulent le lait et le miel. Viens, je t'envoie vers le pharaon, fais sortir de l'Egypte mon peuple, les Benê-Israël (1). » Cette mission, donnée à Moïse au Buisson ardent, comprenait implicitement celle de former la nation à la vie indépendante par une forte éducation morale et religieuse. Le grand nabi pourvut à cette œuvre par la promulgation d'une législation sur l'état des personnes et le régime de la propriété.

Nous connaissons déjà les institutions politiques

(1) *Exod.*, III, 6-8, 10.

et religieuses données aux Hébreux par le législateur (1), il nous reste à parcourir rapidement le domaine des institutions civiles. Cette étude est de la
plus haute importance car la législation mosaïque
demeura la base du droit hébraïque jusqu'à la prise
de Jérusalem par les Romains.

La législation de Moïse, renfermée dans le Pentateuque, comprend trois parties, désignées par les
écrivains modernes sous les noms de *Code de l'Alliance*, *Code sacerdotal* et *Deutéronome*. Le Code
de l'Alliance est la collection des principales coutumes du passé, destinées à régir les tribus jusqu'à
la promulgation de nouvelles lois; il se trouve ren-
fermé dans trois chapitres de l'Exode (xxi-xxiii-19).
Le Code sacerdotal, ainsi nommé parce qu'il s'étend
longuement sur les devoirs des prêtres et l'organisation du culte, renferme néanmoins la partie principale du droit civil et du droit pénal; il comprend les
derniers chapitres de l'Exode (2), le Lévitique et les
Nombres (3). Le Deutéronome (seconde loi) forme le
cinquième livre du Pentateuque, c'est un résumé,
quelquefois amendé ou complété, de l'œuvre législative du prophète. Il ne faut pas s'attendre à trouver
dans la *Thorah* (la loi) un monument divisé en livres, chapitres et articles, à la manière du code Na-
poléon; les prescriptions sont éparses au milieu des
récits historiques, des discours adressés au peuple;
celles sur lesquelles le législateur voulait spéciale-
ment attirer l'attention sont souvent répétées plu-

(1) A. Paulus. *Les Juifs avant le Messie*, t. 1, ch. III.
(2) *Exod.*, xxv-xxx; xxxv-xl.
(3) *Num.*, i-x, xv, xvii-xix, xxviii-xxx; xxxiv-xxxv.

sieurs fois avec des variantes dans la rédaction ou dans l'exposé des motifs.

De ce qui précéde il résulte que Moïse, sous l'inspiration de Dieu, a écrit une loi *nationale*, faite pour un peuple particulier, arrivé à un certain degré de civilisation (1) ; cette loi nationale pouvait être modifiée, perfectionnée avec le temps. Le législateur ouvrait lui-même la voie à ces transformations par la loi suivante : « Quand il se trouvera une affaire embrouillée et où il sera difficile de juger... vous irez au lieu que Yahveh votre Elohim vous aura choisi (comme séjour du Tabernacle) et vous vous adresserez aux prêtres de Lévi ou au suffète (2) du peuple. Vous les consulterez et ils vous découvriront la vérité du jugement que vous devrez porter. Vous ferez tout ce que vous auront dit ceux qui présideront au lieu que Yahveh aura choisi ; vous ne vous écarterez ni à droite ni à gauche de la règle (*thorah*) qu'ils vous enseigneront et de la sentence (*mischpat*) qu'ils prononceront (3). »

(1) Dieu a pris les coutumes en l'état, il les a approuvées ; Moïse a pu cependant, d'après son inspiration, les améliorer en les transformant. R. P. Lagrange, *Etudes bibliques, La méthode historique*, p. 155. Quant à la formule « Dieu dit à Moïse, » qui se trouve en tête de presque toutes les lois, nous ignorons, à cause de l'infirmité des langues sémitiques, par quels moyens, — mots perceptibles à l'ouïe, images sensibles ou action immédiate sur l'intelligence, — Dieu communiquait sa pensée au législateur. Voir R. P. Prat, *La Bible et l'histoire*, p. 41-42.

(2) Nous employons à dessein le mot hébreu du texte qui entraîne la double idée de juge et de gouvernant.

(3) *Deut.*, XVII, 8-11. Le verset 12 ajoute que celui qui n'obéira pas au pontife ou au juge sera puni de mort. Le passage est difficile, il s'agit de savoir si les consultants devaient s'adresser simultanément au pontife *et* au juge ou séparément au pontife *ou* au juge selon que l'espèce appartiendrait au droit religieux ou au droit civil. Dans le verset 9 l'hébreu porte un *vau* entre le mot prêtre et le mot suffète tandis que le *vau* manque au verset 12. Mais le *vau*

En d'autres termes ce que le pontife ou le suffète dé
cidait devait être enseigné désormais comme l'ex
pression de la loi. Moïse introduisait ainsi dans s
législation un procédé égyptien, — commun d'ailleu
dans tout l'Orient, même de nos jours, — le pharao
consulté sur des espèces particulières « disait
droit » qui servait ensuite de règle pour l'avenir.

Malheureusement aucun témoignage historiqu
ne nous est resté de l'action législative des autorité
juives postérieures à Moïse et, comme le code du dé
sert, inséré dans un livre sacré intangible, était écr
ne varietur, nous pouvons bien savoir que nombr
de lois civiles et rituelles primitives se modifièren
avec le temps, mais nous ne savons ni à quell
époque ni dans quelles circonstances se produisiren
les modifications.

Cependant Moïse n'était pas seulement, comm
Lycurgue ou Solon, le législateur humain d'un
cité terrestre, il était aussi le prophète de Dieu et s
voix, passant au-dessus de la tête des Hébreux
campés dans la presqu'île du Sinaï, s'adressait à l'hu
manité entière. De là les principes généraux, appli

du verset 9 est-il copulatif ou disjonctif ? Nous ne pouvon
nous inspirer des versions, les Septante disent une fois « a
prêtre *et* au juge, » une autre fois : « au prêtre *ou* a
juge » tandis que la Vulgate dit deux fois : « au prêtre e
au juge »
Dans notre traduction nous avons suivi le système d
Mendelssohn. Au point de vue historique nous pensons que
pendant la période royale postérieure à David, les consul
tants s'adressaient au monarque et que celui-ci prenai
l'avis du pontife dans les questions mixtes ou puremen
religieuses. Après le retour de la captivité et jusqu'a
règne d'Hérode, l'autorité civile et l'autorité religieuse furen
simultanément exercées par les pontifes tsadokites et asmo
néens.

cables à tous les temps et à tous les lieux, qui sont comme un écho des paroles prononcées sur la montagne sainte, au milieu des tonnerres et des éclairs. Il y a là une loi universelle dont pas un iod ne tombera jusqu'à la consommation des siècles car la vérité du Seigneur demeure éternellement.

Moïse s'inspire de ces principes, même dans la partie transitoire de son œuvre, la seule dont nous ayons à nous occuper ici et, s'il n'en pousse pas les applications à leurs dernières conséquences, à cause de la difficulté des temps, il a toujours en vue un idéal de justice supérieure. Il s'efforce de le faire régner en substituant, partout où il était possible de le faire, l'autorité des tribunaux à l'action passionnée des individus et des familles. C'est là un progrès qui, à lui seul, suffirait à placer le prophète au rang des plus grands législateurs.

Moïse considère tous les Hébreux comme libres et égaux devant la loi. S'il n'ose pas abolir l'esclavage temporaire des pauvres, qui était un legs du passé, il le rapproche le plus possible de la simple domesticité. Il détermine l'époque de la libération sur tout le territoire et il introduit dans le Code sacerdotal l'obligation de l'affranchissement général des serfs qui ont consenti à demeurer avec leurs maîtres après une première période de servitude. L'esclavage héréditaire ne doit exister que pour les étrangers, chargés des travaux les plus pénibles mais protégés dans une certaine mesure contre les violences et admis au repos général du septième jour et des fêtes chomées.

Le législateur modifie les coutumes de l'époque patriarcale dans la répression de l'homicide volontaire. Les accusés sont renvoyés devant les anciens, la *com-*

position est abolie comme le droit d'asile pr[è]
de l'autel. Pour les autres délits contre les personne[s]
Moïse maintient la loi du talion réduite à un[e]
amende proportionnée à la gravité des offenses (1).

Dans l'organisation de la famille le représentan[t]
de Yahveh n'attaque pas de front la polygamie, [il]
reconnaît les mariages de second rang et le lévirat[,]
contraint de transiger avec le droit de la guerre qu[i]
mettait les captives à la merci du vainqueur, il s'ef[-]
force de régulariser des unions nées de la violence e[t]
de donner une place régulière dans la famille au[x]
filles des vaincus (2). Mais Moïse indique bien se[s]
préférences pour la monogamie car les dispositifs d[e]
ses lois générales supposent toujours l'unité d'épouse
et lorsqu'il écrit comme docteur de son peuple il in[-]
dique clairement que cette unité d'épouse est d[e]
droit divin. Dans le récit du premier mariage Ève
est issue du côté (*tsela*) d'Adam ; l'homme salue l[a]
première femme comme une partie de lui-même (3)[.]

(1) A. Paulus. *Les Juifs avant le Messie*, t. II, p. 34 sq.
(2) Moïse qui ne défendait pas la répudiation de la
femme libre, ne put, à plus forte raison, empêcher le ren-
voi des captives ; il leur assura du moins la liberté. Le ren-
voi d'une captive qui a cessé de plaire est la preuve d'une
civilisation rudimentaire, nous le voulons bien, mais qu'on
compare les prescriptions de Moïse à celles des autres
peuples. La prisonnière des Hébreux était-elle plus malheureuse que Polyxène, Briséis, Andromaque ? était-elle
plus malheureuse que « ces musiciennes, ces joueuses de
flûte et de cymbales, toutes d'une extrême beauté, » dont
parle Plaute (*Stychus* II, I, 56) ? Ces infortunées pouvaient-
elles espérer une famille comme la Madianite, la Moabite et
même la Chananéenne enlevée dans une expédition de Juda
ou d'Ephraïm ?
(3) Il nous est impossible de rendre en français, autrement que par un barbarisme le jeu de mots énergique du
texte hébreu : « Celle-ci sera appelée *isschdh* parce qu'elle

l'amour conjugual prime l'amour filial et les époux doivent demeurer deux (non trois ou davantage) dans une seule chair (1). Ailleurs Moïse note comme une tare attachée à la personne du brutal Lamech, membre de la lignée maudite de Caïn, le premier exemple de polygamie (2).

Le mariage dans la parenté, en dehors des degrés prohibés, demeura une coutume, mais non une loi absolue et les membres de l'aristocratie se lièrent souvent à des femmes d'autres tribus dans le but de fortifier leur influence. Les fiançailles furent reconnues et assimilées aux noces elles-mêmes pour l'obligation de la fidélité (3). Le *paterfamilias* posséda l'autorité maritale et l'autorité paternelle, mais il perdit le droit de vie et de mort sur sa femme et ses enfants ; il dut avoir recours aux anciens pour obtenir des condamnations et, dans le cas d'accusation contre ses fils, il ne put agir sans le concours de la mère (4). Sauf dans deux cas (5), il retint le droit de répudiation et put renvoyer l'épouse à la maison dont elle était issue (6). D'après les rabbins des âges pos-

a été prise de *isch* ; celle-ci sera appelée *hommesse* parce qu'elle a été prise de l'*homme*. » La Vulgate a essayé de rendre la force de l'original en rapprochant les mots *vir* et *virago*. Saint Jérôme aurait mieux réussi en employant le féminin *vira* dont Festus fait usage et qui dérive du sanscrit *vird*, matrone (de *viras*, *varas*, époux, guerrier ; racine *vir*, couvrir, défendre). Dans certaines bibles allemandes nous trouvons **Männin** comme féminin de **Mann**.

(1) *Gen.*, II, 20-24.
(2) *Gen.*, IV, 19.
(3) *Deut.*, XXII, 23-24.
(4) *Deut.*, XXI, 18-21.
(5) *Deut.*, XXII, 15, 28-29.
(6) *Deut.*, XXIV, 1-4.

térieurs le motif du divorce devait être grave, la sté
rilité, la lèpre, une maladie incurable, un caractère
acariâtre, la pratique de la sorcellerie, l'ivrognerie ou
un vice capital. Mais, comme il arrive toujours dans
l'application de cette détestable coutume, avec le
temps la simple volonté de l'homme suffit.

Les fils héritaient du père par portions égales sauf
l'aîné qui, suivant la pratique du droit d'aînesse tra-
ditionnel, recueillait deux parts. Dans ces conditions les
biens paternels étaient divisés en autant de lots plus
un qu'il y avait de fils. S'il y avait deux héritiers on
faisait trois lots et l'aîné en prenait deux ; s'il y avait
trois héritiers, on faisait quatre lots et l'aîné en
prenait deux, et ainsi de suite.

D'après le droit patriarcal les filles n'héritaient pas
en concurrence avec leurs frères parce qu'elles étaient
considérées comme sorties de la famille paternelle
par le mariage (1). Moïse modifia la coutume quand
un père n'avait pas de fils mais une ou plusieurs
filles. Il fut appelé à se prononcer sur ce point lors
du partage de la Transjordanie entre une partie du
peuple. Un membre de la tribu de Manassé, nommé
Salphaad avait laissé plusieurs filles ; celles-ci deman-
dèrent à représenter leur père dans le partage et le
législateur agréa la demande. Les anciens de la tribu
de Manassé firent remarquer que les filles, en se ma-
riant, pouvaient transférer leur lot à une autre tribu.
Alors Moïse porta la loi suivante. « Quand un homme
sera mort sans fils, l'héritage passera à sa fille. S'il
n'a pas de fille il aura pour successeurs ses frères ;
s'il n'a pas de frères, on donnera son héritage aux
frères de son père, et s'il n'a pas d'oncles paternels à

______

(1) *Les Juifs avant le Messie*, t. II, p. 51 sq.

ses plus proches parents. Toute fille possédant un héritage épousera un homme de la tribu de son père (1).

C'est toujours le vieux droit, sauf la préférence donnée à la fille sur le frère du défunt dans la vocation à l'héritage, c'est toujours le triomphe de la parenté agnate. Le plan de Moïse est de rendre immuable le partage de la Terre promise, tel qu'il se fera au fur et à mesure de la prise de possession de la contrée par les différentes tribus. Aussi, pour empêcher la mutation des domaines par le jeu des forces naturelles ou économiques, comme chez les peuples voisins, le législateur considère le droit de propriété d'une manière toute particulière.

D'après Moïse, Dieu seul est propriétaire de la terre, les Benê-Israël ne seront que des fermiers ou des usufruitiers et ils ne pourront jamais aliéner à titre perpétuel le bien qu'ils tiendront de leurs aïeux. Le peuple ne connaîtra pas le contrat de vente immobilière, mais des baux emphytéotiques de cinquante ans. « Vous célébrerez la cinquantième année, vous proclamerez la liberté de la terre pour tous ses habitants, ce sera pour vous le *yobel* ou jubilé. Tout homme rentrera dans le bien qu'il possédait et chacun retournera à son ancienne famille (2) ». Ainsi la

______

(1) *Num.*, XXXVI, 1-11. C'est seulement dans le cas de filles héritières que s'applique le texte : « Omnes enim viri ducent uxores de tribu et cognatione sua, et cunctæ feminæ de eadem tribu maritos accipient, ut hereditas permanent in familiis, nec sibi misceantur tribus sed ita maneant ut a Domino separatæ sunt ». Jésus-Christ, Judéen par sa mère Marie, sera cousin cognat du Lévite Jean-Baptiste. La mère de Marie et la mère d'Elisabeth étaient sœurs, l'une avait épousé un Lévite, l'autre un Judéen.

(2) *Levit.*, XXV, 10.

propriété familiale n'est pas dans le commerce, elle ne peut donner lieu qu'à une vente de récoltes et encore cette vente est-elle sujette à une servitude de réméré car le propriétaire ou son *goël* peut évincer à tout moment l'acheteur du droit d'exploitation cinquantenaire (1).

Voyons le rapport de cette conception du droit de propriété avec la théorie de l'esclavage temporaire de l'hébreu réduit à la pauvreté. Avant de s'engager lui-même dans la servitude, l'Hébreu a évidemment engagé sa parcelle familiale. Vient l'année sabbatique, il est libéré ; il quitte la maison de son maître avec un pécule et des provisions et il est assuré du patronage de ce dernier (2). Mais somme toute, après avoir été serf, il ne peut devenir qu'ouvrier libre ; son relèvement ne sera complet qu'au jour du jubilé, quand il recouvrera, en vertu de la loi du Lévitique, sa propriété ancestrale.

Yahveh, propriétaire de la glèbe, a le droit d'imposer des conditions d'exploitation à ses fermiers et il le fait en ces termes : « Pendant six ans, vous semerez la terre et vous en récolterez les produits, mais la septième année vous la laisserez et vous la ferez reposer (3) afin que les pauvres de votre peuple mangent (le produit naturel de la jachère) et tout ce qui restera les bêtes des champs le mangeront (4) ».

----

(1) *Levit.*, xxv, passim.
(2) *Levit.*, xv, 12-18.
(3) De là le nom d'année sabbatique ou année de repos. L'année sabbatique est aussi l'année de rémission (*schemittah*), les dettes courantes sont abolies pour les nationaux (*Deut.*, xv, 2-3).
(4) *Levit.*, xxv, 20.

Evidemment, nous nous trouvons ici en présence d'un régime d'exception. Moïse écrivait sa législation, non pour le monde entier, mais pour une société particulière, pour une société complètement distincte des autres nations, pour une société *théocratique* (1) plus occupée du service d'Elohim que des intérêts matériels. En retour Yahveh s'engageait à lui accorder une protection spéciale : « Je vous donnerai ma bénédiction la sixième année et elle produira des fruits pour trois années ; et quand vous semerez pendant la huitième année, vous vivrez (encore) sur la récolte antérieure jusqu'à la neuvième année (2) ».

Cette promesse de fertilité exceptionnelle de la de la sixième année devint caduque, comme beaucoup d'autres promesses conditionnelles de Dieu, parce que le peuple manqua de foi et ne remplit pas les conditions de l'alliance. La littérature biblique est remplie d'allusions aux travaux des champs, aux coutumes agricoles, aux vendanges, aux moissons, nulle part nous n'y voyons une allusion à la jachère septennale (3).

L'engagement temporaire des esclaves, étant une coutume traditionnelle, put sans doute se maintenir un certain temps après la conquête du pays chananéen mais il tomba bientôt dans l'oubli. Jérémie raconte que le dernier monarque isaïde, Sédécias, vivement

(1) C'est le sens de *goi qadosch*, *gens sancta*, dans *Exod.*, XIX, 6.

(2) *Levit.*, XXV, 21.

(3) Une seule fois Isaïe (XVII, 30) parle de la fertilité de la sixième année comme d'une figure pour montrer comment les restes de la nation, dispersés par la captivité, mais rentrés à Jérusalem, jetteront de profondes racines et produiront des fruits en abondance.

pressé par les Chaldéens se rappela la prescription de Moïse. Il affranchit et arma les esclaves hébreux ; mais le péril passé, il les rendit à leurs maîtres (1).

La nation fut plus longtemps fidèle au régime des baux emphytéotiques. Le livre de Ruth nous montre la loi du réméré par le *goël* observée à la veille de l'institution de la royauté (2) et la résistance de Naboth aux désirs d'Achab, qui veut acheter à perpétuité un domaine familial (3), témoigne du respect de la loi de l'inaliénabilité par les Israélites pieux jusqu'à la captivité de Babylone.

(1) *Jer.*, xxxiv, 9 sq.

(2) Booz, qui n'est pas le plus proche parent de Mahalon, l'époux défunt de Ruth, propose au *goël* de racheter le champ familial, engagé par Elimélech, le beau-père, avant son départ de Bethléem. Le *goël* consent au rachat. Booz lui fait remarquer, qu'usant du droit de réméré, il doit aussi devenir le *lévir* de la jeune veuve. Le parent se refuse à cette dernière obligation. Booz se substitue à lui, rachète le champ et épouse la Moabite.

(3) III *Reg.*, xxi.

CHAPITRE II

—

Nous avons souvent déploré, dans ces études bibliques, la décadence morale des Benê-Israël entre la mort de Josué et la fondation des écoles de prophètes par Samuel. Toutefois les Hébreux de la période des Schôfetim, éclairés par la révélation consignée dans les livres de Moïse, étaient incontestablement beaucoup plus instruits dans la science religieuse que les premiers compagnons des patriarches. Ceux-ci adoraient le Dieu suprême et tout puissant, *El-Schaddaï*, mais ils n'avaient pas sous les yeux ces pages à la fois si simples et si majestueuses du commencement de la Genèse, où il est si facile de retrouver, dans le récit de la création et de la chute originelle, la notion des perfections du Seigneur, l'aséité, l'omnipotence, l'éternité, l'omniscience, la justice infinie ; ils ne connaissaient pas ces enseignements répétés dans les autres livres du Pentateuque où si souvent nous allons encore chercher, même après les divines leçons du Sauveur, l'expression des immortelles vérités de notre foi. Yahveh avait fait luire aux yeux des contemporains de Moïse une lumière qui ne devait plus s'éteindre.

Après la conquête de la Terre Promise, le peuple se livra aux occupations agricoles qui furent la vie de tant de générations jusqu'à la destruction de Jérusalem par les Romains. La Palestine était véritablement « le pays où coulaient le lait et le miel ». Malgré sa position méridionale, elle jouit d'un climat tempéré dû au voisinage de la mer et aux brises rafraîchissantes venues du large autant qu'à l'altitude assez considérable des plateaux qui forment la plus grande partie de son territoire. « Le caractère de cette température moyenne se montre dans les productions qui présentent, par leur diversité, les fruits des contrées les plus opposées, de sorte que le nord et le midi y sont comme en équilibre. Le sol y est aussi varié par sa configuration que par ses récoltes ; à côté des montagnes qui dominent s'étendent de vastes et belles plaines. A l'est du Jourdain sont de gras pâturages ; le sud est favorable au petit bétail et le nord au grand ; les vallées à l'occident de la mer Morte produisent un vin précieux ; les contrées moyennes de l'ouest du Jourdain (Samarie) sont riches en grains (1) ». Le pseudo Aristée, Josèphe, Strabon, ne parlent pas autrement (2). « Les anciens casuistes juifs dont on a recueilli les décisions dans la Mischna, observe l'abbé Guénée, entrent dans les plus grands détails sur les labours et les semences, sur la récolte des olives et autres fruits, sur les dîmes qu'on en devait payer aux prêtres et la portion qu'on en devait laisser aux pauvres. Ils parlent de quantité

______

(1) Hanneberg. *Hist. de la révél. biblique*, t. I, p. 189; Cf. Munk, *Palestine*, p. 12.

(2) Jos., *Cont. Appion.*, lib., I ; *de Bell. Jud.*, III, 2 ; 3 ; Strab., XVI.

de légumes, d'arbustes, d'arbres forestiers et fruitiers des meilleures sortes, amandiers, poiriers, grenadiers, citronniers, pistachiers, etc., comme cultivés en grand et avec succès. Ils nomment des espèces excellentes de froment, d'orge, de riz, de dattes, de figues, d'olives, etc., qu'on recueillait en Judée, et dont la plupart, disent-ils, ne viennent que dans nos provinces ; témoignages de la bonté du pays, d'autant plus recevables, qu'ils les donnent sans songer à le vanter (1) ». L'avoine et le seigle ne sont pas mentionnés dans la Bible.

Lorsque le temps de la moisson était arrivé, les ouvriers, suivis de glaneuses, coupaient les céréales ; ils faisaient des javelles qu'ils mettaient en gerbes sur l'aire. Ils usaient pour se rafraîchir d'un petit vin ou piquette. Le grain était séparé de la paille par quatre procédés différents : au moyen de verges ou bâtons, ce qui rappelle le fléau moderne ; au moyen du dépiquage par les pieds des animaux ; par un rouleau hérissé de fer et de pierres et traîné par des bœufs ; enfin par les roues d'un chariot approprié à cet usage et qui brisaient la paille afin qu'elle pût être donnée en nourriture aux bestiaux. Le grain était ensuite vanné. Il était réduit en farine au moyen de meules à bras et le blutage donnait la fleur de farine (2).

La culture de la vigne était très soignée. Les écrits des prophètes, des poèmes de l'Ancien Testament,

(1) On lira avec fruit sur la Judée agricole, un mémoire de l'abbé Guénée, l'auteur des *Lettres de quelques Juifs*, dans les *Mém. de l'Acad. des Inscrip.*, t. L, ancienne série, p. 142-246.

(2) J. Salvador, *Hist. des instit. de Moïse*, t. I, p. 251-254.

les livres historiques, enfin les Evangiles en font mention fréquemment. Les raisins étaient foulés avec les pieds dans le pressoir. Une maisonnette, au milieu des plants, renfermait la cuve, construite en pierre; des jarres recevaient le vin qui était transporté dans des outres. « La vigne de mon bien-aimé, dit Isaïe, a été plantée sur une colline fertile en oliviers. Il l'a entourée d'une haie; il a enlevé les pierres, il a choisi les plus beaux plants de Sobé; au milieu il a bâti une tour, il a établi un pressoir (1). »

Les Israélites ne négligèrent pas la culture des plantes industrielles. Les nombreux ouvrages de lin mentionnés dans l'Ecriture sont une preuve de l'usage de cette plante. La Femme forte des Proverbes tisse la laine et le lin. Le chanvre ne paraît pas avoir été connu mais le coton fut introduit sous les derniers rois (2). La garance, le carthame, l'indigo fournissaient les matières tinctoriales.

La Palestine n'était point riche en bois, si l'on en excepte la Batanée au-delà du Jourdain, qui abonde en chênes. Le chêne, le cyprès, le sapin, le sycomore et le cèdre servaient aux constructions.

Le peuple juif aima toujours la vie pastorale; les montagnes de la Pérée, les plaines incultes et les déserts (3) nourrissaient de nombreux troupeaux de brebis qui fournissaient une laine estimée. Le livre des Proverbes constate l'importance des bœufs :

____

(1) *Is.*, iii, 2; cf. *Matth.*, xxi, 33; *Marc.*, xii, 1-12; *Luc.*, xx, 9.

(2) Munk, *Palestine*, p. 22.

(3) Les *déserts* palestiniens n'étaient pas complètement arides; ils servaient de pâturages pendant la saison humide.

« Partout où il n'y a point de bœufs les granges sont vides (1). »

Les chevaux, inconnus en Palestine pendant la période patriarcale, furent importés de l'Egypte sous les rois et finirent par être employés, non seulement pour l'armée, mais pour les travaux pacifiques de l'agriculture (2). Les chameaux, achetés à l'étranger, servaient au transport des fardeaux ; les ânes étaient communs et de belle espèce ; le petit bétail était nombreux et les abeilles fournissaient un miel excellent.

Les méthodes agricoles suivies par les Benê-Israël furent en partie empruntées aux Egyptiens et aux Phéniciens ; les écrivains bibliques citent la charrue traînée par des bœufs, la herse, le rouleau, le hoyau, la fourche, la cognée, la serpe, la faucille, le van, le fléau, etc.

Les terres des nombreuses collines de la Palestine étaient soutenues par des murs en pierres sèches afin de prévenir la dénudation des pentes par les pluies. Le pacage était d'un usage commun pour les bestiaux et les bergers passaient la nuit près de leurs troupeaux.

Dans un pays où, par le concours de la chaleur et de l'humidité, les moissons sont abondantes, les efforts des Juifs devaient être appelés vers les irrigations. Aussi possédaient-ils un excellent système d'arrosement des terres, emprunté sans doute aux Egyptiens. L'eau était réunie dans des citernes et distribuée, an moyen de balanciers et de roues jusqu'aux sommets des collines les plus élevées.

(1) *Prov.*, xv, 4.
(2) *Is.*, xxviii, 28.

Par suite du partage des terres entre les enfants et de l'inaliénabilité de la propriété rurale pendant la première période de l'histoire juive, la Palestine fut toujours un pays de petite culture et on ne vit guère de grands domaines qu'à partir de l'époque des rois. La population agricole vivait dans des villages, situés souvent sur des éminences et fréquemment défendus par des haies vives et des murailles en pierres sèches contre les pillards de grands chemins; il n'y avait pas de force publique analogue à notre gendarmerie pour poursuivre les voleurs et dans les villes où l'on constituait une police, les *schamarim* qui en faisaient partie oubliaient volontiers leur devoir de surveillance et s'entendaient pour dépouiller les passants attardés.

Les maisons des villages, liées au sort des exploitations agricoles, suivaient la loi générale du retour de la propriété à la famille lors de l'année du jubilé; il en était différemment des habitations dans les villes; celles-ci étaient assujetties à un droit de réméré pendant un an après la vente; cette période passée, le contrat devenait irrévocable et la transmission perpétuelle.

Les Juifs ne furent jamais un peuple industriel; ils ne pratiquaient guère que les métiers rattachés aux premières nécessités de la vie ou à l'exploitation des champs; de nombreux pêcheurs se voyaient sur les bords du beau lac de Génésareth dont les rivages étaient semés de petits ports très actifs. D'après le Talmud (1), une ordonnance de Moïse aurait donné aux membres de toutes les tribus le droit de jeter le filet dans cette véritable réserve de poissons. Le pro-

______

(1) Talmud, *Babba-Kamma*, 81.

duit de la pêche était séché et exporté vers Damas au
nord-est, vers Jérusalem et jusqu'en Egypte au sud.

Les fils de Jacob furent longtemps avant de se
lancer vers les carrières commerciales où ils devaient
plus tard avoir tant de succès. Leurs premières relations avec l'étranger furent nouées avec les Phéniciens qui troquaient le froment, l'huile, le baume, la
myrrhe, le miel, la résine contre des instruments
aratoires, des armes, des bijoux, des tissus et d'autres
produits manufacturés à Tyr, à Sidon et à Byblos.

D'ailleurs, pour se développer, le commerce ré-
clame la paix et le premier âge de tranquillité ne luit
pas aux yeux d'Israël avant l'époque de Salomon.
Mais alors il y eut un quart de siècle pendant lequel
les tribus montrèrent ce dont elles étaient capables
dans l'ordre du négoce. Les circonstances étaient fa-
vorables, les conquêtes de David avaient porté la
frontière jusqu'à l'Euphrate, les peuples syriens
étaient tributaires, l'Egypte et la Phénicie alliées. La
Judée, traversée par la grande voie militaire et com-
merciale du Delta à la Mésopotamie, ne laissa pas aux
tribus nomades le monopole des échanges et le prince
seconda les efforts de ses sujets par l'ouverture de
nouvelles routes. Longtemps après on montrait dans
la Palestine et les pays voisins des chemins pavés de
pierres noires et de basalte que la tradition appelait
des *chemins de Salomon* (1). Peut-être ces chaussées
appartenaient-elles à d'autres époques et à d'autres
constructeurs, mais certains noms frappent l'imagination populaire : ainsi dans nos provinces toutes
les voies romaines sont des *chemins de César*. Salo-

(1) Stapfer, *La Palestine au temps de Jésus-Christ*,
p. 226.

mon restaura ou agrandit Mageddo, Hazor de Jabin, Balaath, il bâtit Tadmor ou Palmyre (1), sur la route de Damas à Babylone; en même temps il se tourna vers les entreprises maritimes qui étaient à peu près une nouveauté dans la vie d'Israël (2) et ses flottes naviguèrent vers Tharsis et vers Ophir (3). Pour comprendre ce fait nous devons jeter un coup d'œil sur l'histoire des Phéniciens.

Dès leur établissement en Syrie, les Phéniciens avaient commercé avec les contrées baignées par l'océan Indien; ils débarquaient les marchandises apportées dans les ports égyptiens de la mer Rouge et leurs navires marchands étaient protégés par les bâtiments de guerre des pharaons. Ce trafic avait subi une éclipse au xiiie siècle car, d'un côté, l'Egypte avait cessé d'entretenir des flottes sur le golfe Arabique et, d'un autre côté, Sidon avait été ruinée par les

---

(1) Palmyre, Παλμιρά, est le même nom que Tadmor, « palmier ».

(2) On signale, il est vrai, quelques relations des tribus d'Aser et de Dau avec Tyr et Joppé au temps des Juges. Absorbés par leur négoce, les guerriers de ces tribus refusèrent de répondre à l'appel de Débora et de se joindre à l'armée de Barac contre Sisara.

(3) Tharsis est un nom qui veut dire l'occident; il fut donné successivement à la Grèce, à la Sicile, à l'Italie et à l'Espagne à mesure que les Phéniciens poussèrent plus loin leurs navigations dans la direction de l'occident. Cependant, comme le remarquent judicieusement Munk (*Palestine*, p. 394) et F. de Rougemont (*L'âge du bronze*, p. 117), le nom de Tharsis, comme aujourd'hui le nom des Indes (Indes orientales ou Hindoustan; Indes occidentales ou Antilles), avait deux significations et désignait aussi bien les contrées éloignées de l'orient que les pays reculés de l'occident (voyez III *Reg.*, xxii, 49 et II *Chron.*, ix, 21; xx, 36). Les grands navires hauturiers étaient appelés « vaisseaux de Tharsis ». Voir Pietschmann, *Geschichte der Phönizier*, p. 286, sqq.

Philistins (1209). Tyr, héritière de Sidon, avait con
centré ses efforts maritimes sur la Méditerranée et le
commerce indien ne s'était plus fait que par la voie
terrestre. A peine si l'on voyait encore quelques vaisseaux phéniciens circuler entre le Yémen et les ports
d'Asiongaber et d'Elath (Ælana des anciens géo-
graphes), parce que les marchandises qu'on y débar-
quait étaient exposées au pillage des sauvages Idu-
méens.

David conquit l'Idumée et donna la sécurité au
pays. Aussitôt Elath et Asiongaber devinrent des
têtes de ligne pour les vaisseaux phéniciens qui cin-
glèrent de nouveau vers le Yémen et les produits qu'ils
y déposèrent au retour, traversèrent la Palestine,
dirigés d'une part vers Tyr, d'autre part vers Damas
et la Mésopotamie par la route de la vallée du Jourdain. Jérusalem, qui se développait comme une capi-
tale, devint l'une des étapes des caravanes ; des sujets
de Hiram s'y établirent à poste fixe et en firent un
entrepôt pour leur trafic de transit.

Le passage de nombreuses caravanes assurait de
sérieux bénéfices aux Hébreux. Salomon résolut de
les décupler. Le meilleur moyen, pour obtenir ce
résultat, était d'associer Israël au commerce maritime
lui-même. Les Hébreux n'étaient pas navigateurs (1)
mais David avait laissé un trésor qui n'était pas uniquement employé à la construction du Temple et des
palais, et d'autre part les forêts de Galaad et de Basan

____

(1) Les Hébreux ne surent pas profiter des exemples de
leurs alliés. Josaphat voulut reprendre la navigation vers
Ophir ; il arma des vaisseaux à Asiongaber, mais la flotte
fit naufrage à la sortie du port (II *Chron.*, xx, 36). Les ma-
rins phéniciens n'étaient pas là pour former les équipages.

regorgeaient de bois de construction. Salomon fournit l'or et les matériaux, les armateurs phéniciens se chargèrent de faire les vaisseaux et de recruter les matelots ; en un mot le monarque hébreu fut plutôt un commanditaire qu'un associé.

La flotte de la mer Rouge cingla vers Ophir et en rapporta de l'or, de l'argent, des bois précieux, de l'ivoire, des paons et des singes, tandis que le commerce occidental importait de l'étain, du plomb et du cinabre. Les bénéfices furent considérables et, dit avec l'emphase orientale l'auteur des Paralipomènes, « l'or et l'argent devinrent communs à Jérusalem comme les pierres. »

« On remplirait une bibliothèque, remarque Maspero, rien qu'avec les traités qu'on a écrits sur l'emplacement du pays d'Ophir : on l'a promené d'Arabie en Perse, dans l'Inde, à Java, en Amérique. Les noms du bois d'*Almouggim* et des paons, qui peuvent être d'origine indienne, ont longtemps fait pencher la balance en faveur de l'Inde, mais les découvertes de Mauch et de Bent au Zimbabaye ont reporté l'attention sur le bassin du Zambèse et sur les ruines qu'il renferme : un des explorateurs allemands les plus connus, le Dr Peters, tend, avec Mauch et Bent, à placer là l'Ophir des livres hébreux (1). » Personnellement, M. Maspero songerait plutôt au Pouant des Egyptiens, les côtes des Somalis et du Yémen (2). Si l'on écarte l'Amérique et l'Australie, dont le nom a été également prononcé, il nous semble que tous les autres pays mentionnés plus haut peuvent

(1) Peters, *Der Goldene Ophir Salomo's*, p. 50-62.
(2) Maspero, *Hist. anc. des peuples de l'Orient class.*, t. II, p. 742.

avoir commercé avec le Yémen qui, dès la plus haute
antiquité, recueillait les produits variés de l'Afrique
orientale et de l'Asie méridionale, apportés souvent
par les informes embarcations des indigènes, lesquels
savaient profiter des vents réguliers des moussons
pour des navigations hauturières d'une remarquable
audace. Les voyages directs des Phéniciens à Ophir,
que nous persistons à placer dans la contrée d'Abhira,
près de la province de Guzzarate, ne furent que tem-
poraires et cependant, quand ils prirent fin, après la
courte époque salomonienne, le commerce ne péri-
clita pas et se perpétua jusqu'aux temps de l'Empire
romain d'Orient (1).

Tous les détails précédents démontrent la prospé-
rité du royaume et la richesse personnelle du prince
dont les domaines étaient exploités, sous la direction
d'intendants, par un monde d'ouvriers royaux, laboureurs, vignerons, tonneliers, pasteurs, bouviers,
chameliers et âniers. Cependant la preuve la plus
frappante de cette richesse fut la construction du
Temple (2). David en avait choisi l'emplacement, il
avait commencé à réunir les matériaux et à faire
dresser des plans, des épures et des devis. L'archi-
tecte, indiqué par Hiram à Salomon, fut Adonhiram,
fils d'un Tyrien et d'une Danite. Dans ses grandes
lignes, le plan était égyptien car il rappelait celui

____

(1) Heeren, *Commentatio de Græcorum de India notitia
et cum Indiis commerciis* dans les tomes X et XII du recueil
de la soc. de Göttingue ; Reinaud, *Relations politiques et
commerciales de l'Empire romain avec l'Asie orientale.*
(2) Sur le Temple on peut consulter Saulcy, *L'art ju-
daïque* ; Perrot et Chipiez, *Histoire de l'art dans l'antiquité,*
t. IV ; deux ouvrages de Hirt et de Meyer publiés sous le
même titre *Der Tempel Salomons* et surtout le magnifique
travail de M. de Vogué, *Le Temple de Jérusalem.*

du Tabernacle, dressé par Moïse d'après les temple
de la vallée du Nil. L'Égypte, la Phénicie fourniren
des artistes, des décorateurs, des ouvriers exercés
des méthodes et des instruments. Des marbres furen
demandés à Byblos, des cèdres au Liban. La construction dura sept ans et la dédicace fut célébrée au
milieu d'une grande pompe.

« Le temple de Salomon couronnait le Moriah.
Pour le spectateur qui le contemplait du sommet des
Oliviers, son ensemble de portiques, de pylones, de
terrasses superposées, ravissait les yeux. La montagne sacrée parlait aux regards des Israélites : c'était
Yahveh, ou du moins le symbole de sa gloire. Cette
image, ils l'emportèrent vivante dans leur mémoire
jusqu'en exil : « Jérusalem, se disaient-ils, si je
t'oublie, que ma langue reste attachée à mon palais. » A la vue de l'escalier gigantesque qui condui-
sait au portique de Salomon ; des portes en bois de
cyprès aux battants dorés ; des toits de cèdre recou-
vrant les portiques ; des deux colonnes d'airain,
Yahim et Boaz, qui se dressaient fièrement à la
porte du temple ; des tours élancées des pylones, qui
dominaient les bâtiments sacrés ; des marbres polis
qui recouvraient l'harmonieux rectangle du temple
et reflétaient une lumière éblouissante ; des trois
cours échelonnées de la haute terrasse du lieu saint,
surmontant les parvis : à la vue de ce spectacle varié, pittoresque, complexe, le pélerin israélite s'in-
terrogeait longtemps sur la destination et le rôle de
ce qu'il voyait. Tout cela excitait à la fois sa piété et
sa curiosité ; tout cela enflammait son imagination,
exaltait son patriotisme et sa foi (1). »

____

(1) Meignan, *Salomon*, p. 129.

De nombreuses vicissitudes, intimement liées à l'histoire politique et à l'histoire religieuse de la nation marquèrent l'existence du premier Temple. Le pharaon Sésac (Scheschonk) enleva les portes et les boucliers d'or des murailles, que Roboam ne put remplacer si ce n'est par des reproductions en bronze. Les princes religieux, Asa, Josaphat, Joathan, Ezéchias, Josias, réparèrent, dotèrent, embellirent la maison de Dieu ; les princes infidèles la spolièrent et la profanèrent. Le plus acharné dans cette œuvre d'impiété fut Achaz. Non content d'avoir enlevé le trésor du Dieu saint pour acquérir la protection de Téglatphalazar contre les Syriens de Damas, il chassa les fidèles de Yahveh, construisit des autels idolatriques et introduisit dans les dépendances des collèges de qedeschoth. Les mêmes abus se reproduisirent après la mort de Josias. La grande destruction arriva après la prise de la ville sous Sédécias. « Nabuzardan, serviteur du roi de Babylone, vint à Jérusalem et il brûla la maison de Yahveh... Les Chaldéens brisèrent les colonnes d'airain qui étaient dans le Temple de Yahveh, et les soubassements et la mer d'airain qui était dans la maison de Yahveh, et ils transportèrent tout l'airain à Babylone, et des cuves d'airain, et les coupes et les fourchettes et les mortiers et tous les vases d'airain qui servaient au Temple. Le chef de l'armée emporta aussi les encensoirs et les coupes, tout ce qui était en or et tout ce qui était en argent à part ; avec les colonnes, la mer et les vases que Salomon avait faits pour le Temple de Yahveh et le poids de l'airain de tous ces vases était immense. »

Que l'on compare ces lignes aux descriptions faites du même édifice au temps de Salomon et on aura la conviction que malgré les travaux des bons rois, la décadence étaient venue. Ce fait ne saurait nous étonner après les longues guerres du malheureux royaume depuis Roboam, après les défaites des derniers règnes et l'intervention de l'étranger dans le choix des monarques. Les prophètes nous font d'ailleurs un triste tableau de l'état du pays, une administration rapace, une aristocratie avide, une magistrature sans conscience et une plèbe démoralisée par l'introduction d'un culte sanguinaire et licencieux. La misère croît à chaque heure ; déjà s'accomplit la prophétie d'Isaïe : « Yahveh enlèvera aux filles d'Israël les magniques ornements de leur chaussure, leurs réseaux, leurs bijoux en forme de croissant, leurs colliers, leurs aigrettes, leurs parfums, leurs pendants d'oreilles, leurs anneaux, les perles qui tombaient sur leur front, leurs habits si variés, leurs manteaux courts, leurs robes traînantes, leurs miroirs, leurs bandelettes et leurs voiles (1). »

(1) *Is.*, iv, 16-23.

CHAPITRE III

—

LA BIBLE

« Que vous manque-t-il dans la loi de Dieu ? dit un Père de l'Eglise. Si vous voulez de l'histoire vous avez les livres des Rois. Si vous voulez de la philosophie et de la poésie, vous avez les Prophètes, Job, les Proverbes, où vous trouvez plus d'esprit que dans tous les poètes et les philosophes, parce que ce sont les paroles de Dieu, qui est le seul sage. Si vous aimez les cantiques, vous avez les Psaumes. Si vous cherchez les antiquités vous avez la Genèse. Enfin la Loi du Seigneur (le reste du Pentateuque) vous fournit des préceptes et des avis salutaires. »

Ces différentes parties de l'Écriture sainte, le peuple hébreu les reçut entre la sortie de l'Egypte et la captivité de Babylone, si bien, qu'à cette dernière époque, il s'en fallait de bien peu que le canon de l'Ancien Testament ne fût complet. Ces livres ont eu une telle influence sur le développement religieux, moral et intellectuel de la nation choisie ; ils ont eu tant d'empire sur son organisation sociale, que nous ne pouvons en omettre une rapide étude.

D'abord vient l'œuvre de Moïse ou le Pentateuque comprenant cinq parties, comme son nom l'indique. Dans la première, la Genèse, l'auteur est surtout historien ; dans les trois suivantes, l'Exode, le Lévitique et les Nombres, il mêle l'histoire et la législation ; dans la dernière, le Deutéronome, il nous apparaît encore comme législateur et il se montre comme le plus ancien des sermonaires. Nous connaissons les codes promulgués au désert, considérons l'annaliste et le prédicateur.

Moïse écrit sous l'inspiration divine pour nous faire connaître les origines et la formation du peuple hébreu et les vérités qu'il a plu au Très-Haut de nous révéler, comme la création *ex nihilo*, la fraternité humaine, la chute originelle suivie de la première promesse messianique, etc. Nous avons donc à distinguer dans son œuvre le *verbum formale*, c'est-à-dire la vérité elle-même, devant laquelle nous avons à nous incliner avec foi et respect, et le *verbum materiale*, autrement dit l'expression de la vérité, les procédés littéraires et historiques de l'écrivain. A vrai dire notre étude actuelle ne porte que sur cet appareil externe.

Or, quand on examine la Genèse, on reconnaît facilement que l'auteur a mis œuvre des traditions orales et des documents écrits (1). La tradition de-

____

(1) Dans son *Histoire du peuple d'Israël*, Renan, à l'exemple de Voltaire, fatigue le lecteur par son insistance à déclarer que, trois ou quatre siècles après Moïse et Josué, les Hébreux ignoraient encore l'écriture. Que la masse du peuple ne sût pas écrire, c'est plus que probable, mais

meure la source principale à laquelle a puisé Moïse
quoique nous ne puissions plus suivre les anciens
commentateurs, qui enseignaient, qu'entre Adam et
Moïse, la tradition n'avait eu qu'un petit nombre de
personnages pour organes, et que nous devions sans
doute faire une part plus large qu'on ne le faisait
autrefois à la révélation directe à Moïse de faits sortis
de la mémoire des hommes. Ceci étant, nous trouvons, parmi les traditions recueillies dans les chapitres sur les temps antérieurs à Abraham, des traces
de poésies très antiques, composées par ces aèdes ou
rhapsodes qui se rencontraient dans toutes les sociétés primitives et qui ont dû, selon la remarque
d'Ewald, charmer les ancêtres reculés des Hébreux
comme les aïeux des Indiens, des Grecs ou des
Arabes (1). Telle avait été la puissance de ces chants

les prêtres, les lévites, les scribes ? Cependant, il nous faut
remonter plus haut et répondre à M. Reuss, qui, nous prê-
tant des prétentions absurdes, nous engage plaisamment à
« passer à l'ordre du jour sur les bibliothèques patriarcales
(*L'histoire sainte et la loi*, t. I, p. 91). » Nous n'avons pas
besoin de bibliothèques, peu d'écrits nous suffisent. Or
comment la tribu d'Arphakschad, après avoir vécu pendant
des siècles à côté des Chaldéens, n'aurait-elle pas été en
état de fournir quelques hommes capables de fixer par
l'écriture les traditions de la race ? D'ailleurs, M. Ph. Ber-
ger, peu suspect de partialité pour l'exégèse catholique,
vous dit : « Les Hébreux écrivirent de très bonne heure,
peut-être même dès l'origine, ce qui justifie le nom de
peuple du livre que l'antiquité a donné au peuple juif
(*Hist. de l'Ecriture dans l'antiquité*, p. 133.) » L'école
rationaliste affecte d'ignorer ce fait, elle a intérêt à
faire croire à la misère intellectuelle des Benê-Israël jusqu'à l'époque des prophètes ; elle veut placer aux origines
de la nation une période de barbarie pendant laquelle personne n'aurait été capable de croyances monothéistes.
(1) Ewald, *Geschichte des Volkes Israels*, t. I, p. 27.

sur la pensée populaire que, bien des siècles après leur composition, les contemporains de l'écrivain sacré se rappelaient encore le refrain sanguinaire du Lamech caïnite (1), le proverbe sur les hauts faits du Nemrod chamite (2), et comprenaient les allusions aux exploits des « hommes puissants » (*nephílîm*), des « héros » (*gibborîm*) et des « hommes de renom » (*ansché schêm*) de l'époque antédiluvienne (3).

Quant aux documents écrits, — et ici nous parlons des fameux fragments qui, depuis Astruc au dix-huitième siècle, ont été l'occasion de tant de discussions (4), — si nous en admettons l'existence dans une certaine mesure, nous ne pensons pas qu'ils justifient la prétention de l'école de Wellhausen (5) de reporter la composition de la Genèse au-delà de Josias. Moïse a pu parfaitement en faire usage quand il écrivait son livre.

____

(1) *Gen.*, ıv, 23-24.

(2) *Gen.*, x, 9. Nemrod est probablement le même personnage que le Ghildamès chaldéen.

(3) *Gen.*, vı, 4. Nous ne traduisons pas *nephílîm* par « géants. »

(4) On trouve dans Schöpfer-Pelt, *Histoire Je l'Ancien Testament*, t. I, un excellent chapitre : *La loi mosaïque et la critique du Pentateuque*. On lira également avec fruit au tome II, des *Livres Saints et la critique rationaliste*, de M. Vigouroux, le chapitre intitulé *La critique du Pentateuque.*

(5) Wellhausen, *Prolegoma zur Geschichte Israëls; Die Composition des Hexatarchs*. M. Renan, dans son *Histoire du peuple d'Israël*, sans accepter complètement le système de Wellhausen, le suit dans les grandes lignes sans s'apercevoir que le mot de Ch. de Rémusat (*Revue des Deux Mondes*, 15 mars 1854) « la science germanique marche d'un pied superbe sur la tête du sens commun », s'applique parfaitement à un système aussi fantaisiste.

La régularité du plan, la succession logique des événements, le choix rationnel des détails, tout indique une œuvre longuement méditée et l'action cachée de l'inspiration qui conduit l'auteur à se faire l'historien de la lignée messianique. Il raconte la création, les premiers jours de la famille dont doivent sortir tous les humains, la chute originelle et la promesse miséricordieuse de l'Eden. Au milieu des générations qui se succèdent il indique les ancêtres du Rejeton de la femme, Seth, Noé, Sem, Abraham, Isaac, Jacob et il s'arrête quand le dernier patriarche montre dans Juda l'aïeul de Schiloh, le Pacificateur. Moïse n'écrit pas l'histoire universelle mais la suite de la religion ; il ne connaît pas le terme vers lequel il se dirige mais l'Esprit saint le conduit dans la route.

La physionomie de l'œuvre mosaïque change dans les livres moyens, l'Exode, le Lévitique et les Nombres. Moïse y est encore historien ; mais là, il n'a plus besoin de documents écrits ou de témoignages oraux, il parle comme un témoin et pourrait dire : « J'étais là, telle chose m'advint ». L'écrivain montre les mêmes qualités que dans la Genèse ; c'est le même style simple, concis, souvent imagé et rythmé, avec le parallélisme caractéristique de la poésie hébraïque, une certaine forme archaïque remplie d'un charme pénétrant, une élévation de pensée qui atteint parfois le sublime comme dans le cantique sur le passage de la mer Rouge.

Les Septante ont résumé le Deutéronome par le nom même de « seconde loi » qu'ils lui ont donné. Après quelques chapitres historiques, qui rappellent le style de la Genèse et des premiers chapitres de l'Exode, avec un peu plus de vivacité et de vigueur, le livre rapporte une série de discours prononcés par Moïse devant le peuple dans les plaines de Moab. Ces discours sont comme le testament politique et religieux du chef d'Israël ; la parole est chaude, émue, remplie de tendresse. Le législateur aime son peuple comme un père aime son fils, il s'efforce d'élever les âmes et les esprits vers Yahveh ; il revient sans cesse, dans cette intention, sur les grandes choses accomplies depuis la veille de la sortie d'Egypte. Seulement le nabi est rempli de sombres pressentiments, il connaît la dureté de cœur d'une génération portée au mal et il éclate en plaintes amères sur les murmures et les rébellions du désert, en reproches trop mérités sur les derniers désordres amenés par les séductions des filles madianites. Au nom de Dieu, il promet des bénédictions à la fidélité, il prononce de véhémentes menaces contre la violation de la loi, prévue à courte échéance.

Ces suprêmes enseignements de Moïse nous révèlent un mode de son action sur les Benê-Israël. Nous ne connaissons de l'orateur que « les restes d'une voix qui tombe et d'une ardeur qui s'éteint », mais il ne débutait pas, à la veille de sa mort, dans le ministère de la parole. Combien de fois pendant quarante années, n'avait-il pas réuni autour de lui les anciens, les lévites, les différentes tribus pour laisser tomber de ses lèvres inspirées la louange, le blâme, l'avertissement, l'enseignement sous toutes les formes. Sans le Deutéronome, nous ne connaîtrions pas cette face du génie de Moïse.

Le chant des cantiques fut un des moyens dont le prophète se servit pour faire pénétrer dans les masses l'instruction religieuse. Nous venons de mentionner le cantique d'actions de grâces sur le passage de la mer Rouge, que Miriam et les filles d'Israël répétaient en s'accompagnant sur le tambourin (1). Deux autres sont mentionnés au livre des Nombres (2) et avaient été insérés dans un recueil aujourd'hui perdu, le *Livre des guerres de Yahveh*. Cet ouvrage était sans doute un recueil de chants où la gloire des victoires remportées par le peuple était reportée au Seigneur, selon la pensée exprimée plus tard par le Psalmiste : « Non nobis, Domine, non nobis, sed nomini tuo da gloriam (3) ». La coutume se perpétua. Josué et l'auteur du deuxième livre des Rois citent un ouvrage du même genre, le *livre du Juste* (4), où se trouvaient un chant sur l'arrêt du soleil à Gabaon et l'élégie de David sur la mort de Saül.

Nous voyons donc, qu'en dehors des ouvrages conservés dans le canon de l'Ancien Testament, les Juifs avaient une littérature et les noms de certains livres ont été conservés par les auteurs sacrés qui les citent comme références ou y renvoient leurs lecteurs pour des suppléments d'informations. Un certain nombre d'exégètes ont considéré ces travaux comme inspirés sous prétexte qu'ils sont mentionnés dans les livres saints. La raison est loin d'être convaincante et il est peu probable que la plupart des sources des livres des *Rois* et des *Chroniques* écrites par les historiographes des princes, comme les *Actes* ou *Gestes de Salomon*, les *Annales des rois de Juda*, les *Annales des rois*

---

(1) Le tambour de basque. La Bible signale ailleurs les instruments destinés à accompagner les chants le *nabel* ou luth à dix cordes, le *kinnor* ou harpe, le *halil* ou flûte, les *menâmdim* ou sistre et les *salsalim* ou cymbales.
(2) *Num.*, xxi, 14, 17.
(3) *Ps.* cxiv, 9 (hebr., cxv, 1).
(4) *Jos.*, x, 13 ; II *Reg.*, i, 18.

d'Israël, aient eu le privilège de l'inspiration. Il en était peut-être autrement des écrits de certains prophètes, Nathan, Gad, Ahias et Ado sur David et Salomon ; Addo et Séméias sur Roboam ; Jéhu, fils de Hanan, sur Josaphat, etc. Mais, ces ouvrages étant perdus, la question, on l'avouera sans peine, est parfaitement oiseuse.

Revenons aux livres encore existants de nos jours. Les Samaritains possédaient un Pentateuque qui ne présentait que peu de variantes avec le Pentateuque juif et ce fait a été toujours regardé avec raison comme une preuve de l'antiquité de la rédaction des livres mosaïques.

Il n'est pas sans intérêt de considérer le mode de composition des livres historiques. Les différents auteurs n'ont jamais eu le dessein, — lequel fut d'ailleurs toujours étranger à l'antique Orient, — de nous laisser une histoire complète, politique, diplomatique, militaire, économique, de leur nation. Placés au milieu d'une société portée à adopter les mœurs et les religions des Gentils, à sortir de la vie séparée, que Dieu lui avait préparée, les écrivains sacrés ont fait ce que nous appellerions aujourd'hui des ouvrages à thèse : ils ont montré les bénédictions de Yahveh abondantes sur les générations fidèles à la Thorah, les châtiments, les revers, les calamités devenus le lot des coupables, des violateurs de l'alliance du Sinaï (1).

(1) Ainsi écrivirent également Esdras, auteur des Paralipomènes ou Chroniques et les auteurs des livres de Judith, de Tobie et d'Esther. Certains exégètes catholiques se demandent même si les trois derniers, sous une apparence historique, ne seraient pas plutôt des récits moraux. Voir sur cette question le R. P. Prat, *La Bible et l'histoire* (collect. *Science et religion*, n° 286), p. 32 39.

Nous avons signalé plus haut l'importance attachée par Moïse au chant des cantiques pour l'instruction religieuse du peuple. Ces cantiques étaient répétés dans les assemblées pieuses ; ils devinrent plus nombreux lorsque David eut transporté l'Arche d'alliance à Jérusalem et eut réorganisé le culte, compromis pendant la période des Juges. Le roi chargea les lévites des familles d'Asaph, Hemand et Idithum de la direction des chœurs (1) et lui-même consacra son génie poétique à la composition de psaumes.

L'Orient a toujours goûté « cette philosophie populaire qui consistait à présenter des doctrines, des règles de conduite, des réflexions sur les différentes situations de la vie sous une forme parabolique et par de courtes sentences qui se gravaient facilement dans la mémoire (2) ». Salomon paya sa contribution à cette « science » ou « sagesse » par la composition de deux livres, les Proverbes et l'Ecclésiaste, tandis que, sous la forme de l'épithalame conservé dans le Cantique des cantiques, il s'élevait jusqu'à la contemplation de l'union spirituelle de l'âme avec son Créateur.

Toute cette littérature sacrée était étudiée particulièrement dans les *navoth* ou écoles de prophètes, ainsi qu'on peut s'en rendre compte en parcourant les œuvres des quatre grands et des douze petits nebiim (treize avec Baruch) conservées dans nos bibles. Les citations de la Thorah, de Job, des Psaumes, des Proverbes y abondent (3). Le peuple, absorbé par les travaux journaliers et privé d'autres moyens d'instruction religieuse, recevait les enseignements de ces

____

(1) I *Chron.*, xxv, 1.
(2) Munk.
(3) Voir Trochon, *Intr. génér. à la Bible*, t. I, p. 106.

prédicateurs qui parcouraient le pays à la manière d'Elie et d'Elisée (1). Les leçons de ces hommes « dont le monde n'était pas digne (2) », fécondées par la prière, par la méditation prolongée et surtout par les lumières surnaturelles qui leur étaient accordées et complétaient la révélation du Pentateuque, étaient une préparation plus approchée à l'ordre chrétien : « les vérités y étaient exprimées avec plus d'amplitude, les principes de sainteté personnelle et de vertu mieux définis, les sanctions se rapportaient moins exclusivement aux promesses temporelles et inclinaient davantage vers les promesses évangéliques (3) ».

Tout d'abord les écrits qui, par leur réunion, constituèrent la Bible ou le livre par excellence, ne formaient pas un seul recueil. Le premier essai de *canon* semble avoir été fait par Ezéchias, qui était un lettré, et par un certain nombre de savants, prêtres et prophètes, connus sous le nom « les hommes d'Ezéchias ». Grâce à eux on put grouper le Pentateuque, Josué, les Juges, Ruth, Job, trois des cinq livres de psaumes, les deux premiers livres des Rois, l'Ecclésiaste, le Cantique des cantiques, une partie des Prophètes et compléter les Proverbes de Salomon par quelques additions (4).

Plus tard Esdras fixa le canon hébraïque ; quant aux livres nommés aujourd'hui deutéro-canoniques, composés après la mort de Malachie « le sceau de la

(1) Bellarm., *De Verbo Dei non scripto*, lib. II, cap. IV.
(2) *Hebr.*, XI, 38.
(3) Trochon, *Intr. génér. aux Prophètes*, p. LIX.
(4) Talmud, *Baba-bathra*, 15 a.

prophétie », comme disaient les Juifs, les uns furent écrits en hébreu, les autres en grec ; la Synagogue varia sur la croyance à l'inspiration des auteurs ; il appartint à l'Eglise de se prononcer sur ce sujet en vertu de son magistère infaillible.

CHAPITRE IV

LA DIASPORA ET LE PROSÉLYTISME

Après Esdras Israël demeura partagé en deux frac-
tions, d'un côté les Palestiniens, de l'autre les fidèles
de la *diaspora* ou dispersion. Les premiers laboureurs, vignerons, pasteurs, pêcheurs, ouvriers, occu-
paient le pays de leurs ancêtres et s'y attachaient
passionnément. A moins d'y être contraints par la
guerre ou par la persécution, ils ne quittaient pas
leurs montagnes, leurs vallées et les vieilles cités re-
levées des ruines de l'invasion chaldéenne ; ils ne se
répandaient même pas dans les contrées voisines ; ils
fuyaient comme une souillure le contact des païens
et ne voulaient pas habiter les villes fondées sur leur
propre territoire par les conquérants grecs et les
princes hérodiens ; ils considéraient comme autant
d'abominations les monuments de ces centres hellé-
niques, les temples où les dieux recevaient un encens
souillé, les thermes, les cirques, les hippodromes,
les gymnases où la luxure s'alliait aux combats de
gladiateurs, aux courses de chevaux et aux exercices

du corps ; ils conservaient enfin l'usage de la langue
araméenne, substituée à l'hébreu et poussaient à
l'extrême le particularisme, puisqu'ils arrivaient à
traiter les étrangers en ennemis et à regarder souvent
avec défiance leurs frères de la dispersion comme
suspects d'attachement aux Goïm.

Les membres de la diaspora, au contraire, retenus
dans la terre d'exil par le génie des affaires, oublièrent
chaque jour davantage que les deux premiers rois,
Saül et David, avaient conduit les bœufs et gardé les
brebis ; ils ne revinrent jamais à l'agriculture et ils
se firent marchands et banquiers. De la Mésopotamie
ils essaimèrent de proche en proche dans les localités
où le commerce pouvait être lucratif et y fondèrent
des établissements. Leurs enfants suivirent les mêmes
errements et ne pensèrent pas à rétourner dans la
Judée dont ils oublièrent la langue. De l'Asie ils pas-
sèrent en Afrique et en Europe et, au premier siècle
de l'ère chrétienne, Strabon et le roi Agrippa II pouvaient dire avec vérité aux Juifs : « Il n'y a pas sur
la terre un pays où n'habitent quelques-uns des
vôtres (1). »

La séparation du vi⁰ siècle entrait dans le plan
providentiel comme une préparation éloignée du
règne messianique. Les Palestiniens devaient former
la société au milieu de laquelle paraîtrait le Christ et
fournir les éléments de la première société chrétienne.
Les Hébreux de la dispersion devaient vulgariser au
sein de la gentilité les idées monothéistes ; leurs
synagogues étaient aussi destinées à fournir des points

______

(1) Strab., apud Jos., *Ant. Jud.*, XIV, vii, 2 ; Jos., *de Bell.
Jud.*, II, xxviii.

d'appui à la prédication apostolique, à donner a
Eglises primitives des fidèles recrutés parmi les f
d'Abraham conscients de l'universalité des promess
faites au grand patriarche et parmi les païens dés
busés de l'idolâtrie par le prosélytisme juif, avar
coureur de la prédication des disciples de Jési
L'existence de millions d'individus, éloignés de le
patrie et du centre de leur religion, et néanmoi:
dévoués à la foi et à la nationalité de leurs ancètre
est un fait unique dans les annales de l'antiquité
sans explication humaine. Le doigt de Dieu est l
Sans recourir au miracle proprement dit, par le je
du gouvernement du monde, Yahveh ménageait l
premiers triomphes de son Eglise.

L'attachement à la religion et à la nationalité éta
sauvegardé par l'organisation donnée par Esdras au
synagogues. Dans chaque localité où ils s'établire
les Juifs formèrent une *kélilah* (1), capable de se su
fire à elle-même sans l'intervention des autorit
étrangères. L'archisynagogus et les anciens exerçaie
le pouvoir au triple point de vue spirituel, admini
tratif et judiciaire. Ils présidaient au culte divin,
l'instruction des fidèles, à la répartition des aumônes
ils surveillaient les écoles, dressaient le budget de
communauté dont ils nommaient et révoquaient le
officiers. Constitués en tribunal, ils appliquaient
législation mosaïque aux délits et aux différend
Enfin ils étaient les intermédiaires entre les membr
de l'association et le pouvoir central de Jérusalem
ils donnaient connaissance à leurs administrés de
décisions de la théocratie qu'ils recevaient par d

(1) De *kal*, réunir, faire assembler, convoquer.

pélerins ou par des courriers spéciaux ; ils envoyaient à la Ville sainte l'impôt légal et les offrandes pour le Temple, les cotisations pour les pauvres, la notification des naissances et des mariages qui étaient ensuite inscrits dans les archives du sanctuaire pour la conservation des généalogies par familles et par tribus (1). Chaque assemblée était une fraction du peuple saint, chaque maison de prière une annexe du territoire national et l'autorité du Grand Conseil de Jérusalem s'exerçait jusqu'aux limites du monde, partout où dix Hébreux pouvaient se réunir pour constituer une *kélilah* (2).

Les fils de Jacob se groupaient dans les mêmes quartiers, formaient une société à part, fuyaient les fêtes des païens. Les coutumes traditionnelles saisissaient l'enfant à sa naissance ; à son huitième jour il était soumis à la péritomie ; ses premiers mots étaient la profession de foi mosaïque : « Ecoute, Israël, Yahveh est ton Dieu et Yahveh est un ! » A six ans, il entrait à l'école élémentaire, le *bois sacré* ou le *vignoble* (3), entretenu par la synagogue, où il rece-

(1) Ces tables généalogiques sont mentionnées par Josèphe (*de Vita sua*, I) ; elles étaient conservées dans le Temple (*cont. Apion.*, I, 37) et mises à jour par les *soterim*.

(2) F. de Champagny (*Rome et la Judée*, t. I, p. 110) évalue à dix millions le nombre des Juifs de la dispersion au temps de Néron. La population juive était surtout compacte dans certaines provinces. Le même auteur (p. 117), d'après un calcul basé sur l'or saisi par le préteur Flaccus, fixe à 75,000 le nombre des Juifs établis à Adramythe, Apamée, Laodicée et Pergame, villes d'ordre secondaire. Si la densité des communautés dispersées avait été partout la même, le chiffre total de dix millions serait bien au-dessous de la vérité.

(3) Talmud, *Midrasch Coheleth*, 91 ; *Raschi Jebamoth*, 42 b. Un instituteur quand il y avait plus de vingt-cinq

vait, avec les premiers principes des lettres humaines, l'instruction religieuse qui le préparait à *l'initiation*, c'est-à-dire à l'entrée officielle dans l'assemblée où il était reçu par les chefs de la communauté. Le jeune garçon avait alors treize ans; à compter de ce moment, il participait à tous les droits et était soumis à toutes les obligations du peuple de Dieu (1).

L'âge du mariage arrivait bientôt car les anciens Hébreux n'aimaient pas la prolongation du célibat (2). La Thorah, rendue encore plus étroite par les prescriptions d'Esdras, faisait au jeune homme un devoir de ne faire entrer dans sa famille qu'une fille d'Israël (3), élevée, comme lui-même, dans les principes du plus pur mosaïsme. Ces unions entre Juifs, à l'exclusion des partis païens, étaient une des garanties de l'homogénéité de la race qui, autrement, aurait été entamée physiquement par un apport de sang étranger et moralement par des influences polythéistes.

Les Hébreux de la dispersion étaient donc aussi attachés à la religion que les Palestiniens. Les schammaïstes, il est vrai, les accusaient parfois de laxisme à propos des observances rituelles. Il faut

élèves (Talmud, *Rabba-Bathra*, 21 a); au-dessous de vingt-cinq élèves, le hasan était l'écolatre (Talm., *Schabbath*, I, 3).

(1) Jost, *Geschichte des Judenthums und seiner secten*, III.

(2) La majorité pour le mariage était fixée à dix-huit ans pour les garçons et à douze pour les filles.

(3) Les unions mixtes ne se rencontraient guère que dans les localités où les Juifs étaient trop peu nombreux pour former une communauté importante. La polygamie, rare chez les Juifs orientaux, l'était encore davantage chez ceux des contrées de civilisation gréco-latine, où la monogamie était dans la législation et les mœurs.

s'entendre à ce sujet. Les membres de la diaspora, soustraits par l'éloignement à l'influence du pharisaïsme outré qui dominait en Judée, n'avaient pas accepté les prétendues *traditions des anciens* sur les prescriptions légales et ils se bornaient à l'accomplissement de celles-ci, telles qu'elles étaient portées dans le code mosaïque. Les pratiques pharisaïques n'auraient pas pu être suivies à l'étranger. Comment se purifier, par exemple, après chaque contact avec un infidèle, quand la nécessité obligeait à coudoyer les incirconcis toute la journée ? Aussi la plupart des fidèles dispersés se bornaient-ils aux purifications marquées pour la participation aux fêtes solennelles, à l'abstention des idolothytes et des viandes défendues. D'ailleurs l'interprétation de l'Écriture dans le sens spirituel et allégorique, qui devint générale dans la diaspora, permettait aux orateurs des synagogues de laisser tomber en désuétude les pratiques les plus sévères ordonnées par le législateur, à plus forte raison les dispositions adventives du pharisaïsme.

Sauf de rares exceptions, le monde antique ne contesta jamais sérieusement à la diaspora la liberté de conscience : les païens, qui admettaient l'existence d'une multitude d'êtres divins, ne refusaient aux disciples de Moïse ni le droit de croire à Yahveh, ni même la faculté de se réunir dans un but religieux. L'autorité romaine, la plus forte de celles qui possédèrent l'empire à cette époque, poussait le respect de l'indépendance spirituelle du peuple hébreu jusqu'au refus d'intervenir dans les différends où les croyances seules étaient en cause (1).

(1) *Joan.*, xviii, 21 ; *Act. apost*, xviii, 14-16.

Tranquille sur l'exercice de sa religion, le Juif de la diaspora se faisait prédicateur ; malheureusement nous ne trouvons guère de renseignements sur le prosélytisme avant la domination grecque en Orient. Alexandrie paraît en avoir été le principal centre.

Les Juifs alexandrins constituaient, sinon la fraction la plus importante de la dispersion, — le groupe babylonien ne leur cédait en rien par le nombre, — du moins la plus active et la plus ouverte aux idées d'expansion du mosaïsme. Ils voyaient arriver dans le grand port méditerranéen des représentants de toutes les nations, ils voyageaient comme commis des armateurs et des négociants du Bruchéion, abordaient aux rivages de l'Asie Mineure, de la Grèce, de l'Italie et pénétraient jusqu'à Rome. Ce contact perpétuel avec les Goïm triomphait de leurs préjugés exclusivistes ; ils reconnaissaient la supériorité de la civilisation hellénique dans les arts, les sciences et les lettres ; ils trouvaient, jusque dans le palais des Ptolémées, une pléiade de philosophes, d'écrivains et de savants (2). Dans le Musée, vaste édifice contigu à la résidence royale, ils entendaient les sages des différentes écoles, l'Académie, le Lycée, le Portique ; ils pouvaient consulter les livres de la riche bibliothèque des Lagides qui, brûlée pendant l'in-

(1) Les Juifs alexandrins vivaient au temps du chronographe Manéthon, des critiques de l'ancienne poésie grecque, Zénodote, Aristophane de Byzance, Aristarque, du maître de la poésie bucolique, Théocrite, des mathématiciens et des astronomes Euclide, Apollonius de Perge, Erastosthène de Cyrène, Héron, Hipparque, etc., qui tous habitèrent la ville et y eurent des disciples.

surrection contre Jules César, fut reconstituée sous la domination romaine.

Les Juifs ne laissèrent pas aux Grecs le monopole de la science, ils fréquentèrent les écoles des maîtres de la gentilité. Doués d'une grande facilité d'assimilation, d'une intelligence vive et souple, d'une remarquable puissance de travail, ils réussirent dans les différents ordres des connaissances humaines. Fidèles au génie de leur race, ils ne négligèrent pas les applications pratiques de leurs études, mais ils se livrèrent aussi à la spéculation pure, à la philosophie et à la littérature. Un de leurs poètes, Ezéchiel, écrivit une tragédie sur l'Exode (1) ; Artapan, Eupolème, le pseudo Polyhistor appartenaient peut-être à leur nation. Avant même Philon, leur plus remarquable représentant, ils constatèrent la puissance des lettres pour l'expansion des idées et s'efforcèrent de l'employer au service de leur prosélytisme.

Leur première entreprise, sous Ptolémée Philadelphe, fut la traduction de la Thorah comme base liturgique de l'office sabbatique et fondement de la discipline dans les synagogues qui commençaient déjà à oublier l'hébreu (2). Ce travail primitif qui est, à proprement parler, la célèbre version des Septante, fut complété, avant la fin du iie siècle, par les Prophètes et les Hagiographes.

L'œuvre conçue comme une traduction, parfois commentée à la manière des targoums, pour l'usage des communautés juives, fut ensuite communiquée aux Gentils. L'incorrection de langage de ces pages,

(1) Clém. Alex., *Strom.*, i, 23.
(2) Munk, *Palestine*, p. 487.

écrites dans le dialecte vulgaire, l'*hellénistique*, la tournure étrangère de la pensée, tout imprégnée d'hébraïsmes, nuisirent-elles à la diffusion des livres saints dans le grand public ? L'histoire d'un petit peuple, qui n'avait eu d'importance politique que six ou sept siècles auparavant, sous David et Salomon, manqua-t-elle d'intérêt pour les Grecs ? l'obscurité des prophéties les rebuta-t-elle ? ne comprirent-ils pas la poésie des psaumes ? Une chose est certaine, la version des Septante, trouva peu de lecteurs en dehors des synagogues : la Bible, à elle seule, ne devait pas convertir l'humanité.

Puisque les Grecs ne voulaient pas lire la loi et les prophètes, un philosophe juif, Aristobule, tenta de persuader par d'autres moyens, les Gentils de la vérité du judaïsme. Il déclara que les livres de Moïse avaient été traduits bien des siècles auparavant et avaient été connus des philosophes grecs, Pythagore, Socrate et Platon. Il fabriqua des fragments apocryphes d'Orphée, Hésiode, Homère, Linus et les mit en circulation sous le nom de ces poètes qui parurent ainsi avoir défendu le monothéisme et réfuté l'idolatrie. Aristobule trouva des imitateurs dans des auteurs de *Livres sibyllins* sur l'idée messianique.

La fin ne justifie pas les moyens. Evidemment les manœuvres des Juifs alexandrins sont condamnables et la vérité souffre d'être défendue par de semblables procédés. Une seule circonstance atténuante peut être plaidée pour les trop industrieux Israélites, c'est qu'alors tout le monde se livrait à de semblables manœuvres et qu'Alexandrie était l'officine où se forgeaient impunément les pièces apocryphes destinées à mettre les opinions nouvelles sous le patronage des anciens.

D'ailleurs, il importe de le remarquer, le monothéisme juif n'était pas seulement une doctrine phi-
losophique ; il se présentait indissolublement lié à
une religion révélée ; il ne demandait pas uniquement,
comme le platonisme ou le péripatétisme, la simple
adhésion de l'intelligence, il imposait un culte, des
obligations morales, la lutte contre la concupiscence
et les habitudes antérieures de la vie. Le royaume
de Dieu souffre violence, les étrangers, assez coura-
geux pour vaincre les préjugés répandus contre le
mosaïsme et se joindre aux assemblées d'une race
plutôt supportée qu'aimée, en faisaient l'épreuve dès
les premiers pas ; leur entrée dans la synagogue, soit
comme prosélytes de la porte, soit comme prosélytes
de justice, était un triomphe sur le respect humain.
L'histoire intime de ces âmes généreuses serait pleine
d'intérêt, mais aucun de ces convertis ne nous a laissé,
comme saint Justin l'a fait plus tard, le récit de ses
étapes vers la vérité.

Les seuls renseignements positifs que nous possé-
dions sur l'action du prosélytisme se rapportent à des
temps relativement modernes, aux commencements
de l'ère chrétienne. Nous voyons les fidèles de la
diaspora procéder par des entretiens particuliers avec
les païens, comme le marchand Ananias et le Galiléen
Eléazar qui, sous le règne de Claude, convertirent
Izate, roi de l'Abialène (1). Autant que nous pouvons
en juger par un passage d'Horace, ces entretiens
étaient marqués par une grande dépense de zèle et
beaucoup de persévérance. L'auteur latin a fait
allusion à une sorte de contrainte morale, exercée
par les disciples de Moïse, pour convertir leurs inter-

____

(1) Jos., *Ant. Jud.*, XX, VIII.

locuteurs : « Comme des Juifs, dit-il, nous (les poète
saurons bien te pousser dans notre parti (1) ».

Mais le grand moyen d'action était la parole pi
blique dans les synagogues où chacun pouvait péné
trer et assister en toute liberté à l'office divin. D'aprè
Ovide, un grand nombre de jeunes Romaines se ren
daient aux « maisons de prière (2) ; saint Luc, d
son côté, nous montre saint Paul s'adressant à l'as
semblée juive de Thessalonique où se trouvaient de
Israélites, des prosélytes et des Gentils (3).

La parole sainte était jetée comme une semenc
dans les âmes. Mais, à la différence d'une terre inerte
l'homme peut accepter ou repousser l'appel divin ; i
peut même y répondre par le sarcasme et l'insulte. I
se trouva de ces esprits boiteux dans la société antique
En 1882, des fouilles ont mis au jour à Pompéi, vill
où les Juifs avaient une synagogue (4), une fresque
conservée aujourd'hui au Musée de Naples, et dont l
sujet est la caricature du jugement de Salomon. Voilà
le bénéfice tiré de la Bible par un sceptique !

D'autres esprits ne profitaient pas mieux de
la fréquentation d'Israël. Nous voulons parler de
imitateurs des disciplines hébraïques, si nombreux
au commencement de l'ère chrétienne (5). On invoque
souvent ces pratiques, l'éclairage des fenêtres au
septième jour, l'abstention de la chair de porc,
comme des preuves du triomphe du mosaïsme, mais

(1) Hor., I. *Sat.*, iv, ad fin.
(2) Ovid., *De Arte amandi*, 50-76.
(3) *Act.*, xviii, 1-4.
(4) Rossi, *Bull. d'archéol. christ.*, 1864, p. 70.
(5) Hor., I, *Sat.*, ix, ad. fin. ; Pers., v, 180 ; Mart., vii, 82;
xi, 94 ; Plut., *Cicer.*, 9 ; Senec., apud S. Aug., de *Civ. Dei*,
VI, xi.

cette vulgarisation de pratiques rituelles juives
n'entraînait pas la croyance au monothéisme chez les
individus dont se moquent Horace, Perse et Martial.
Ces gens-là ne sont pas plus des convertis que les
femmes qui, d'après Juvénal (1), consultaient les
pythonisses juives.

On voyait, parmi les prosélytes des membres de
toutes les classes de la société, des hommes libres,
des affranchis (2), des matrones (3). Les convertis
opulents, capables de subvenir aux dépenses du
culte, au soulagement des pauvres, à l'entretien des
écoles, furent même souvent honorés du titre de
patrons, de pères, de mères de la synagogue (4), ils
avaient des places particulières à côté des dignitaires
juifs (5). Quand la mort venait ils étaient inhumés
(non incinérés) près des fidèles circoncis (6). Sur leur

(1) Juv., VI, 542-547.
(2) Jos., *Bell. Jud.*, v ; Plut., *Cicer.*, 9.
(3) Une inscription, recueillie par Orelli, nous fait connaître une matrone Beturia (Véturie), qui, convertie à l'âge
de soixante-quinze ans, prit le nom de Sara et vécut encore
seize ans.
(4) Le titre fut parfois héréditaire car on voit des enfants
« pères » des synagogues. M. Salomon Reinach (*Bull. de
Corresp. hellen.*, avril 1886) montre une femme de Smyrne
honorée du titre de maitresse de la synagogue. Une inscription de Phocée établit que Tation, fille de Shaton, a construit
à ses frais la salle du temple et le péribole de l'hypèthre et
en a fait don aux Juifs ; en reconnaissance, l'assemblée lui a
offert une couronne d'or et le privilège de proédrie.
(5) Ce sont les coutumes observées à l'égard des patrons
des collégiats romains.
(6) On a constaté l'existence de sept synagogues et de
trois cimetières juifs à Rome. Sur les sept synagogues une
seule était de langue araméenne, toutes les autres étaient de
langue grecque.

tombe, marquée du mot « Paix » et de symboles religieux, le chandelier à sept branches, la megillah, des rameaux d'olivier, on inscrivait leur nom de naissance et le nom qu'ils avaient pris dans l'assemblée des fidèles.

CHAPITRE V

—

Nous n'avons rien à ajouter à ce que nous avons dit dans la partie politique de cette étude sur l'état moral des Palestiniens après l'exil babylonien. La nation semble divisée en deux camps, d'un côté les classes moyennes et les classes laborieuses, fidèles à la réforme religieuse d'Esdras ; de l'autre l'aristocratie des anciens et des prêtres qui, conservant l'ancien esprit dont elle avait été animée sous les Isaïdes, était toujours prête à se rapprocher des Gentils et à dédaigner les institutions mosaïques (1). De là les luttes politiques et religieuses entre les pharisiens et les sadducéens que nous avons mentionnées sous le gouvernement des Asmonéens.

Cependant si Esdras, le second organisateur de la société juive, avait réussi à inspirer au peuple un profond attachement aux prescriptions religieuses du législateur du Sinaï et un grand amour du parti-

(1) Voir Derenbourg, *Essai sur l'hist. et la géog. de la Palestine d'après les Thalmuds et autres sources rabbiniques*, p. 252.

cularisme national, il n'avait pas songé à remettre
en vigueur les ordonnances relatives à l'année sabbatique et à l'année jubilaire dans leurs rapports
avec le régime de la propriété et la condition des
personnes. Comme nous l'avons établi plus haut ces
ordonnances étaient en grande partie devenues ca-
duques au lendemain même de leur promulgation
les unes n'avaient jamais été mises en vigueur, les
autres avaient été mal observées pendant la période
des Schôfetim et pendant la période des Rois. La
grande perturbation de la captivité babylonienne
leur avait donné le coup de grâce ; les héritages
avaient été confondus, beaucoup de terres étaient
demeurées sans maîtres à la suite de la transmigra-
tion ; elles étaient tombées aux mains de nouveaux
occupants ou elles étaient restées en friche ; au retour
de l'exil les compagnons du grand-prêtre Josué et du
thirsatha Zorobabel s'étaient trouvés en présence de
domaines vacants et rien dans les documents bibliques, ne nous permet de dire comment se fit alors
une nouvelle répartition du sol.

Sans doute les membres de l'aristocratie s'étaient
alors taillé la part du lion, de connivence avec ces
étrangers puissants qui avaient pu eux-mêmes agir
en toute liberté pendant les années de l'exil. Le gouvernement des premiers Tsadokites n'avait pas essayé
de mettre de l'ordre dans ce chaos ; au contraire, le
pontife Eliasib s'était fait le complice des grands
propriétaires qu'il laissait affamer le peuple par
des prêts à gros intérêts et l'accaparement des céréales. Sans la vigoureuse intervention de Néhémie, la
nouvelle Jérusalem aurait bientôt présenté le tableau
de Rome avant la retraite des plébéiens sur le Mont
Sacré, la misère dévorant le pauvre, conduit fata-

lement par les dettes vers un esclavage sans espoir
de libération par aucun *goël*.

Esdras contint l'ambition de l'aristocratie par l'introduction d'un élément démocratique dans les
conseils des grands-prêtres ; une classe moyenne put
se constituer avec laquelle les anciens et les chefs des
familles sacerdotales durent compter ; les chances
d'une guerre sociale furent écartées pour plusieurs
siècles et le conflit des intérêts n'arriva pas à l'état
aigu avant les derniers jours du Second Temple.

Alors, remarque Josèphe, les puissants pressurant
le peuple, — avec l'appui des derniers procurateurs
qui participaient aux bénéfices des exactions, — le
peuple rêva la perte des puissants. Les fils de Judas
le Gaulonite, animés de l'esprit de pillage et de violence (1), poussèrent les zélotes contre le sacerdoce et
le patriciat sadducéens et leurs entreprises mirent le
comble aux maux que souffrait le peuple déjà cou-
pable du déicide.

L'aristocratie, il faut le dire, avait constamment
excité ces colères par sa conduite contraire aux sen-
timents religieux et patriotiques de la nation, par
son insolence, par son mépris du pauvre. « Il y avait
un homme riche, vêtu de lin et de pourpre, qui
menait chaque jour une vie opulente (2). » Ce croquis
évangélique caractérise en deux traits ces personnages de haut rang, amis de la table (3) et des plai-
sirs (4), qui, dans leur luxueuse prodigalité, dépo-
saient le plus riche vêtement après l'avoir porté une

(1) Jos. *Bell. Jud.*, VIII, xxx.
(2) *Luc.*, xvi, 19.
(3) Talmud, *Pesachim*, 57 a.
(4) Talmud, *Yoma*, 8 à, 35 b.

fois (1), prêtaient de grosses sommes aux candida
à la royauté (2) et s'entouraient, dans leurs palais (
et leurs maisons de campagne (4), d'une valetail
prête à toutes les violences (5).

Cependant au temps de la prédication du Messi
juste au moment où nous arrêtons notre cours
historique, la Judée oubliait les maux causés pa
trois siècles de guerres étrangères ou civiles, politi
ques ou religieuses, lesquelles, commencées après l
mort d'Alexandre le Grand, n'avaient connu qu
deux courtes trêves, sous le gouvernement de Jona
thas et de Simon et sous le règne de Salomé-Alexan
dra. L'administration réparatrice d'Hérode et de
premiers procurateurs, envoyés par Auguste et pa
Tibère, avait permis à un peuple laborieux de mettr
en pleine valeur ses petits domaines dans un, pay
doué des plus riches dons du ciel. Nous n'avons qu'
ouvrir les Evangiles pour être témoins d'une prospé
rité à peine troublée par les brigandages de quelque

(1) Comme Ismaël-ben-Phabi. Talm., *Pesachim* 57 ; *Yom*
9, 35.

(2) Le prêtre Alexandre prête deux cent mille pièces d'ar
gent au futur roi Hérode-Agrippa. Jos., *Ant Jud.*, XVIII
VI ; XX, v.

(3) Le palais des grands-prêtres où Jésus-Christ est condui
captif était la maison particulière de Hanan-ben-Schétah.

(4) Villa de Caïphe sur le Mont du Scandale au sud d
Jérusalem.

(5) *Marc.*, XIV, 65 ; Jos., *Ant. Jud.*, XX, VIII, 8. L'évangil
nous permet de pénétrer à Béthanie, dans la villa du rich
Lazare, résidence de vaste étendue avec des jardins où s
trouvait la sépulture familiale. Marthe et Marie avaient de
suivantes, un train de maison, ainsi que le remarque Fouar
d'après une variante du manuscrit Alexandrin, τὰς περ
Μάρταν καὶ Μαρίαμ, laquelle doit être prise dans le sen
littéral.

coupeurs de route (1). Nous voyons les pasteurs veiller la nuit sur les troupeaux enfermés dans un bercail formé de claies et se tenir en garde contre les larrons et les bêtes fauves (2); les laboureurs semer, récolter, vanner (3) l'orge et le froment qui, avec le poisson séché, forment la base de la nourriture des classes populaires (4); les ouvriers agricoles rester pendant le jour dans les carrefours, attendant d'être envoyés à la vigne, entourée d'une haie, munie d'un pressoir et d'une tour de surveillance (5) et recevant le soir même leur salaire, selon la loi mosaïque ; les pêcheurs jeter leurs filets dans les eaux poissonneuses du beau lac de Génésareth ou les réparer sur le rivage (6), les femmes se livrer aux occupations domestiques, pétrir la farine, servir le repas et balayer le foyer (7). Tous ces détails nous révèlent l'existence ordinaire des classes laborieuses, aucun ne nous montre le paupérisme qui désolait certaines sociétés antiques. Si les fils de Jona et les fils de Zébédée, qui suivirent les premiers le divin

---

(1) *Luc.*, x, 25-27. La parabole du bon Samaritain, si elle n'est pas une leçon appuyée sur un fait déterminé, connu du Sauveur et de ses auditeurs, se réfère du moins à un état général. La route de Jérusalem à Jéricho était nommée *Abdommim* ou la « Voie Sanglante » dit saint Jérôme (*De locis Hebrœis*). L'évangile apocryphe de l'Enfance et celui de Nicodème présentant le bon et le mauvais larrons, que l'un appelle Titus et Dumachus, l'autre Dimas et Gestas, comme deux détrousseurs de passants.

(2) *Luc.*, ii, 8 ; *Joan.*, x 12.

(3) *Matth..* iii, 12, xiii, 3, 30.

(4) *Matth..* xv, 34 ; *Luc.*, ix, 13.

(5) *Matth,*, xx, 1-16.

(6) *Luc.*, v, 2.

(7) *Matth.*, xiii, 33 ; *Luc.*, xiii, 21 ; xv, 8-10.

Charpentier de Nazareth, gagnaient leur pain quoti-
dien à la sueur de leur front, ils possédaient du
moins la maison qu'ils habitaient et la barque qu'ils
dirigeaient.

Ce peuple d'Israël avait des qualités; il était pro-
fondément attaché à la religion et à la patrie, capable
d'enthousiasme et de dévouement. Comment fut-il
amené à rejeter le Sauveur annoncé par une légion
de prophètes? C'est ce que nous avons essayé de dire
dans notre ouvrage *Les Juifs et le Messie*.

TABLE DES MATIÈRES

Saint-Amand (Cher). — Imprimerie BUSSIÈRE.